PASSAR PÁXAROS
CASA OBSCURA, ALDEA SUMERGIDA

JOAQUÍN BADAJOZ
PASSAR PÁXAROS
CASA OBSCURA, ALDEA SUMERGIDA

Ilustraciones
EDUARDO SARMIENTO

COLECCIÓN
PULSO HERIDO

© Sobre la siguiente edición de
Passar Páxaros/ Casa Obscura, Aldea Sumergida

© Hypermedia Americas LLC

Colección Pulso Herido
Academia Norteamericana de la Lengua Española (ANLE)
P.O Box 349
New York, NY 10116
anle.us

© Joaquín Badajoz, 2014
© Diseño de cubierta e ilustraciones: Eduardo Sarmiento
eduardosarmiento.com
Corrección: Karina Geada

ISBN 978-0-692-21176-2

Todos los derechos reservados. Queda prohibida la reproducción parcial o total, grabación o transmisión por cualquier medio de captura, recuperación o almacenamiento de información, ya sea fotoquímico, electrónico, magnético o mecánico, electroóptico, por fotocopia, o cualquier otro, sin la autorización previa por escrito de la Academia Norteamericana de la Lengua Española o su autor.

All Right reserved. No part of this publication may be reproduced or transmitted in any form or by any means, electronic or mechanical, including photocopy, recording, or any information storage and retrieval system, without permission in writing from the North American Academy of the Spanish Language or the author.

A Karina, a Daniela: columnas de esta casa,

rocas en medio del deslave.

CONTENIDOS

Les entrego el más peligroso de los bienes

9

PASSAR PÁXAROS

Passar páxaros

19

Canciones de amor fugaz

43

La inmortalidad

49

Taurobolium

65

Sobrevida

83

CASA OBSCURA, ALDEA SUMERGIDA

Fachada

113

In utero (puertas interiores)

125

A la sombra de una higuera (traspatio)

145

LES ENTREGO EL MÁS PELIGROSO DE LOS BIENES

Siempre he sido reticente a publicar. Aunque sé que la literatura —caprichosa grafomanía que nos diferencia de otras bestias— responde a nuestra naturaleza social, esa vocación para crear imaginarios en la palabra que —al menos en las eras bibliocéntricas— solo se materializan a través de la publicación, existe demasiado buena —y pésima— literatura empolvando anaqueles, viajando por el ciberespacio, ocupando el reposo vital, para que por complacer alguna perversa vanidad —que otra cosa no es atreverse a pensar que lo que uno zurce pueda interesarle a otros— vaya a polucionar el intelecto y el espíritu. Puedo citar más de tres docenas de poetas imprescindibles que todo ser viviente debería visitar antes que estas páginas mías. Luego, o quizás antes, recomendaría otras tres docenas de filósofos. Sobre todo alemanes, que son, a su manera, poetas del pensamiento y el lenguaje. Y hablo de docenas como si fueran huevos, ese enigma matinal que esconde aún su pregunta esencial: ¿Qué fue primero, el verbo o el hombre? ¿La palabra o Dios?

Por otro lado, para mí la literatura es una suerte de religión, de relación con lo inmanente, lo que en el sentido orteguiano equivaldría a decir que el poeta debe ser, como el hombre religioso, una criatura escrupulosa, que busca la perfección trascendente, aunque su ritual y su altar sean otros, o quizás los mismos. Dicho esto, debo advertir, con pudor, que nada de lo aquí reunido tiene la grandeza inmortal que perseguía. He visitado puntual, casi a diario, la gran casa de la escritura con febril obsesión, intentando sacarle lustre a las palabras, organizar el caos. Disfruto la cuesta y me aterra el punto final. Creo en el palimpsesto, la reescritura, el ejercicio obligatorio, la palabra como unidad básica de la filosofía del lenguaje. He intentado siempre acortar cada vez más la distancia entre el pensamiento y la letra. Pero el camino en este caso es demasiado personal; los hallazgos, si los hubiesen, se limitan al críptico mundo mío, a mi necesidad de entenderme mejor, de lanzarme al vacío. ¿Por qué habrían de seducir a otros los laberintos de mis caprichosas obsesiones? ¿Encontrarán en ese recorrido alguna utilidad? ¿Algún fin práctico? Es una duda razonable, sobre todo para alguien que no trina como un ruiseñor, sino que teje en la rueca. La poesía no es un libro de autoayuda ni un traje *prêt-à-porter* que se acomoda a cualquier maniquí, no es ni siquiera la mayoría de las veces divertida o ingeniosa, es *otra cosa*. Por respeto a esa *otredad*, porque no es la escritura sino la lectura la que completa y transforma una obra en un universo irremplazable, dejo zarpar estas construcciones mentales.

Hay poetas de preguntas y poetas de respuestas: estos son los más dañinos porque sus poéticas suelen estar construidas sobre falsas certezas. Para ellos la pregunta es bosquejo, antipoesía, pie forzado, no se contentan con compartir interrogantes sino hallazgos. Uno simplemente no escoge qué tipo de poeta quiere ser. Uno puede elegir cadencias, estructuras, metros, pero no esa naturaleza esencial y remota. A esos últimos, a los que pertenezco, como decía Hölderlin, "se les ha dado el más peligroso de los bienes, el lenguaje, para que con él creen y destruyan (...) para que muestren lo que son".

Sobre esas dudas, entrampado, y a veces sobrevolándolas, he acumulado varios libros que de tanto visitarlos ya no me pertenecen, y que siento, con extrañeza, han sido escritos por otro —o en el mejor de los casos para otros—. Que mis diálogos poéticos, los del soliloquio, se cuecen ahora, en este instante, mientras que los concluidos solo podrían continuar su ciclo vital rompiendo el enclaustramiento, colándose bajo sábanas ajenas, atizando adulterios, cabalgando sobre un pecho dormido, testimoniando voyeurismos, percutiendo en sus lenguas, calentando sus vinos, cantados en idiomas lejanos como un ensalmo.

He escrito demasiado sobre otros autores y también he entendido entonces que por más precavido que fuese seguía intentando entenderme a mí a través de esas lecturas ajenas. No puedo negar que me daría mucho gusto provocar ese sentimiento en algunos, ya fueran unos pocos, lectores sensibles e inteligentes. He escrito para uno solo, así que no espero legiones, ni siquiera centurias. Confío en que la poesía elige, no se deja elegir. Esa es quizás la única excusa razonable que he encontrado para decidirme a publicar estos libros que incluyen restos de algunos otros. Creo que la literatura tiene que resistir el paso del tiempo. Si la escritura es apoteosis, la literatura es decantación, ese ir quedando después de sucesivas visitaciones. Aquí están entonces los poemas que han resistido esas lecturas mías y que espero, con suerte, cruzando los dedos, resistan las vuestras.

Debo explicar, por lo singular de esta publicación —una suerte de álbum doble que incluye dos libros de épocas diversas, a sugerencia de mi querido amigo Gerardo Piña-Rosales, director de la Academia Norteamericana de la Lengua Española—, que no son los primeros que he escrito. Por mucho que uno intente colgar piedras en el cuerpo de un ahogado, corre el riesgo de que el mar algún día lo regurgite. Así que estos serían, bien contados, mi tercer y cuarto libros. El primero de ellos, "Casa Obscura, Aldea Sumergida", data de la década finisecular del XX, por lo que el lector encontrará muchos de los motivos y desvelos de esa generación de los 90. Estuvo varias veces a punto de romper el himen, hasta que disciplinada o testarudamente lo sacaba de las editoriales sin que mediara otra censura que la propia; algo que aclaro porque, aunque soy un animal político, no me interesa fabricarme el mito de escritor censurado; hablé y escribí en Cuba, bajo un régimen totalitario, con absoluta libertad, por paradójico que parezca y pagué mis osadías, como ha de ser; pero como ya he dicho otras veces encontré respeto hasta en los personajes más extravagantes. El segundo, "Passar Páxaros", reúne dos cuadernos, que otra vez dócilmente convertí en uno por sugerencia del poeta Heriberto Hernández, interesado en publicarlo en Bluebird —la editorial que dirigía—, espulgando aquellos textos que a mi juicio no valían la pena. Su temprana y absurda muerte y, nuevamente, mi testarudez, abortaron ese proyecto que visto en la distancia, con toda la gravedad emocional de la amistad que nos unía, me hubiera gustado que hubiera llevado a cabo como era su deseo. El resultado final que aquí publico le debe, con justicia, bastante a su lectura y su estímulo, sus atinadas observaciones, algunas que acepté y otras que respetuosamente rechacé —

si esos caprichos devinieron errores será en cualquier caso una responsabilidad absolutamente mía—. También le deben mucho a la lectura y preedición cómplice del poeta Juan Carlos Valls, que a lo largo de una amistad de casi veinte años ha sido siempre uno de mis primeros lectores.

No tengo nada más que añadir. El resto son ideas, estéticas, obsesiones, que lanzo al ruedo con la única esperanza de que, luego de lecturas y tauromaquias, quede algún verso palpitando, alguna imagen involuntaria en la memoria; con la ilusión de que algo sobreviva, y como ceniza o nieve cubra ese cementerio de huesos y palabras, todos anónimos, que iluminan la vida de algunos con el mismo resplandor que alumbran mis noches, mientras espero insomne tocar la aldaba y cruzar la puerta del séptimo día.

JOAQUÍN BADAJOZ. *The Roads, enero i 2013.*

PASSAR PÁXAROS

1998 - 2004

Then wear the gold hat, if that will move her;
If you can bounce high, bounce for her too,
Till she cry "Lover, gold-hatted, high-bouncing lover,
I must have you!"
Thomas Parke D'Invilliers

Aqui fue vna grandissima señal que muchos paxaros y aues que yuan bolando por encima de aquella parte, por la reberberacion del ayre vinieron abaxo y cayeron en tierra, dellos muertos y dellos biuos, en tal manera atordidos que no se podian leuantar, y los tomaua quien queria.
Lo qual fue cosa bien plazentera oyr la variedad y locura de los juyzios de tantas caberas en dezir cada vno lo que se le antojaua, vnos lü interpretaban con la auctoridad de la sagrada escriptura, mayormente del testamento viejo del apocalipsi; otros por la razón natural suso dicha: de otra manera son siempre los mathematicos: otros trayan y alegauan mil hermosas congeturas de las hystorias, según la sciencia judicial de los antiguos.
Series de los más importantes docvmentos del archivo y biblioteca del exmo. señor dvqve de Medinacelis

PASSAR PÁXAROS

PASSAR PÁXAROS

> *Toda la noche estuvimos oyendo passar páxaros.*
> Cristóbal Colón. Diario

Oyendo pasar sombras,
leves ventiscas de resurgimiento,
para ascender como la llama, leve,
para poder ser aire y ocupar los sitios
que pasarán inadvertidos.
Pájaros de trueno, si tuviera alas
disfrutaría el vértigo del ave que se cierne
soportando el peso del azul sobre la espalda.

Ahuyentado por el hueso del árbol,
por sus copiosos racimos de sangre,
me posaría sobre la eternidad
que es continuar volando.

Todo hombre ha descubierto mundos,
sabe lo que perdió
y lo que como un ave de cetrería se avecina.

Ha sentido dolor, esquirlas de obsidiana,
el fuego de las lenguas abrazándole las piernas.

Al cerrar los ojos sólo recuerda el fogonazo,
el hilo del relámpago que corta como un látigo.
Para descubrir no basta levitar,
ser el ojo de furia
donde empasta el aceite
su contenido rancio,
es preciso quebrar los velados encierros
hacer profesión de su drama en la máscara.

Mientras en la manada humana comulgues,
siempre oirás pasar pájaros
rompiéndose como trombas sin música,
preludio de la nada que antecede
al hallazgo donde todo se pierde.

VOLVER A ÍTACA

Venid amigos míos
no es demasiado tarde para partir
en busca
de un mundo nuevo
porque sigo teniendo el propósito
de bogar más allá del sol poniente.
Lord Alfred Tennyson. Ulysses

Ulysses,
para volver a Ítaca es preciso vadear
los mares que se empozan
bajo el brocal de arcilla que han trenzado tus dedos;
es preciso que el océano,
ojos adentro se desborde,
y sientas el llanto de una niña que teje
en su madeja de sol con agujas de ónix
la paciencia y su punto de agua.

Del otro lado de las islas, ese lugar
del que nunca debiste haber partido,
Penélope hace y deshace el tiempo
para ocultar la ausencia de esas tardes
donde embrida la soledad sus toros.
No puede tu odisea compararse a la angustia
de quien confunde gaviotas, olas,

con las velas de un brumoso navío.
De quien ve como la desolación,
a golpe de insomnio,
volviendo yermos va
los campos donde anteayer las espigas de trigo
se trenzaban en la frente de tus hijas.
Arrogantes tus criados con el plateado ceño,
las nubes turbias que los envejecían,
copiaban al carbón tus rasgos,
hasta que la lluvia en la fuente de los años
fue lavando las marcas de tu rostro,
petrificando esos lugares comunes,
llenando los recuerdos de nostalgia,
ese anhelo que antecede al olvido.

Nadie sabe que el timón de tu barco
era una pieza de roble casi mística,
construido con vigas de tu casa,
que quebraba en su imán los vientos indelebles,
un madero que rompe océanos,
mordido a los hombros de Hiperión,
buscando retornar hacia el horcón ausente,
sostener el cielo que lo reclamará.

Sé de noches en que el mar tallado en piedra viva,
bordaba una marca de espuma y salitre,
sobre esa encaladura fantasma recitabas:
"Una isla es una mujer dormida.
Si la abandonas desaparecerá su obsceno cuerpo de agua.

Así como fue tuya, por otros poseída
los surcos que en su espalda cavaran tus dedos
se llenarán de polvo, de silencio y de mar.
Los rebaños de Poseidón, los pájaros de augurios,
visitarán en raptos de fiebre sus sueños,
confundirán sus pasos, la guiarán bien lejos
a donde nunca la habrás de encontrar.
Soñé en las playas de la sitiada Ilión
que al regresar no encontraba mi casa.
Mi casa era la flecha en el cuello
del ave que vuela hacia la eternidad.
Cegado así por el meridiano Helios,
isla sin rumbo, escapando, volando,
rompiendo en cada ráfaga las alas.
Siempre huidiza, siempre
veinte años de distancia por delante de ti.
Si le disparas muere, si la persigues truena,
quédate quieto espera, entonando el canto
que enamoró a Penélope,
hasta que venga a amarar sobre tu espalda".

Habías trazado con una mano
el aceite y la miel de las constelaciones,
pero fueron los puertos de paso, las trampas,
las aves en estampida,
los vientos convocados para la anunciación,
y el agua que se confabula,
que asciende con una fuerza bruta,
que oculta o se volatiliza

dejando un surco húmedo.
Ningún camino es cierto sobre el agua
en ella esta previsto el hallazgo,
la lasitud, el abandono.
Una nave que persigue a otra nave
tiende siempre por desesperación a naufragar.
Aunque la quilla de tu barco hable,
como la pentecóntera que timoneó Jasón,
y miles de perros que se llaman Argos
muevan la moribunda cola del Déjà vu,
todo regreso es un extrañamiento,
un pacto de la memoria y el azoro.

Eso lo he comprendido, Ulysses,
en estos veinte años
navegando para volver Ítaca,
mientras puntual como un ahogado
mi espalda besa
la arena de otras playas
y la vida que me corresponde
ahora la viven otros.

FRAGMENTOS DEL LIBRO MAYOR DE LOS NAUFRAGIOS

I
Albricias dad, son buganvillas,
flores de sangre que en el río de la vida
han hecho su desembocadura,
su región aparente.

II
Fui a tientas descubriendo mundos,
con una mano abriendo cerrando con otra mano.
No quise hacer caminos,
dejé todo cual estaba.
Los lugares que el viento enhebró bajo la hiedra,
una botonadura de tallos
donde ningún pie había roto la soledad...

III
Una mujer, no más, fue todo cuanto hice mío,
tomada de algún árbol y arropada en mis piernas.
Al final de la vida vi con gozo las espigas cortantes,
semillas que lancé por sobre mi hombro.

IV
Sentir que otros pasaron,
que vas siguiendo rastros que se adelantan
y poseen lo que pudo haber sido el trigo de tu ebriedad.
Quedar exhausto en medio de la senda empedrada,
de lo que fue un momento apenas
de otra vida que asciende.

V
Así perfeccioné este estilo de ir sembrando
hierbas mientras paso,
levantando verjas, cubriendo,
para salvar la timidez y los asombros.
Figuras de la otredad nos abandonan.
La sombra conquistada sobre el labio,
las temporadas de la palmatoria con cópula
y el vaso fálico con rostro demoníaco,
y las pérdidas que los años convierten en ganancias
y la vida, en fin, la mostradura
para dejar que ostente el sursuncorda.

VI
Por eso nada descubro, nada muestro.

EN EL SUEÑO DE RROSE SÉLAVY...

...hay un enano salido de un pozo
que viene a comer su pan en la noche.
Robert Desnos

Estos criaderos de cuervos,
se apergaminan apolonio tras los huesos,
son cuchilladas, agazapadas sombras,
saltos montaraces que encallan en lo blando.

Un tórax, la pupila,
echarse a descansar violentamente sobre el lodo,
la soledad su depravado asombro.
Estos saltos apolonio del estómago,
desovillan los años vuelven trémulos
a sus ejércitos de hormigas,
sus canales cerrados a cuajarones bajo el labio,
donde los seres resguardan sus marcas impolutas.

Navegaste apolonio los mares de piedra,
las oleadas angostas de la tierra arada,
implosionando vientos con tus pulmones raquíticos,
donde el humo asentó su nacarada escoria
y el junípero y las colitas deformes en sus canteros

impulsan la aguja suspendida en la bitácora
con sus ventiscas de arena murmurante.

En estos años decrépitos que el agón no bifurca,
arrastrados por el peso de los cuerpos,
caemos en la muerte súbita, sus círculos concéntricos.
Sobre los árboles se desvirgan los pájaros,
y es la desfloración un goce perenne y estrujado
que se olvida con el hastío.

Apolonio tiende su red,
su escritura de sombras y peces refractarios,
cuentas del sonajero de ónix cosidas
por las puntas del salitre.

En el sueño de Rrose Sélavy
hay un enano podrido que revienta los odres,

sajando las vejigas con un cuchillo endeble
que se vuelve de hueso con los golpes de gaitas.

Salido de un pozo,
en cuclillas frenéticas
de puro goce crece.

En el sueño de Rrose Sélavy
viene a comer su pan de por las noches,
hurgando con un gran dedo,

embistiendo con su proa cuerpo adentro
hasta humedecer las sábanas.

Es la pesadilla apolonio de las mujeres solas,
que en las noches son asediadas por las sombras,
y sienten sobre el pubis doce muchachas vírgenes
que saltan macerando los frutos del almendro,
y sienten que amamantan criaturas voraces
y que la leche y la miel alambicadas
destilan su escozor, su ráfaga de frialdad.

Estos criaderos de cuervos
son restos de lo que la marea,
al destapar su sello,
regresa a los comederos periféricos
mientras aramos sobre el mar.

EL TRÓPICO VISTO DESDE EL AMANECER

En estas largas tardes estivales
Maurinne, Goulard, Arthur,
el próximo modisto,
apre(he)ndieron el arte de componer
versos fabrilmente
yingyangeando sobre la cuerda floja,
yingyangeando hasta caer de bruces,
la pasta alada estucando los brazos.

Nadie que haya mirado al sol de frente,
ha podido evitar
que cueza las habas la máscara el antifaz de golpe,
abrasivo rayando el pómulo,
la obscuridad sucesiva, la muerte.

Y es que el trópico seca y ciega tenazmente.

Un poeta, una muchacha sentada
mirando hacia el ocaso de lo que fue su vida,
verá al asomo las mieses coaguladas,
abulia de las tardes en las que maceró la almendra
con su cuerpo el cascanueces de entraña abigarrada.

(Cuando en la feria un anciano de barbas de floresta
gritaba por el altavoz: Venid hijos míos,
sentémonos a la sombra del tinglado de sangre,
él amamantará como la cabra, la loba, la ubre capitolina,
la leche enjundiosa que conquisté en otras guerras.
En la paz me lavaré las manos para oficiar en los altares
y seré benevolente como una ramera)

Nihil Ostant: desde (Cuando... hasta ramera)
censurado por el censor yo mismo.

La mascarada arrollando el trastrueque,
el advenedizo que posa y se agazapa,
la nueva antigua fauna en el retablo vuelve
se contrae y emerge contrahecha,
marcando los golpes de parada en la llama.

La urna. Bajorrelieves donde se esconde
un cuerpo para ser observado,
agita el émbolo que dispara el fuselaje
y echa a andar, a fin de cuentas,
el verso nunca fue original
y *la primera flauta*
se hizo de una rama robada.

QUE ENTRÉIS VIENTOS DE LA DESOLACIÓN

Que entréis vientos de la desolación
en la casa mayor.
Que entréis sacudiendo pilares
rugiendo desde los soportales hasta el hueso.
Que entréis...
Soplad, soplad, remad.
Esta casa es el arca que aún no ha partido
con sus ventanas ojivales y sus ojos de buey
sobre las aguas de tres generaciones.
Remad, remad, levantad las raíces,
esas alas plúmbeas que respiran de inmóviles,
mañana construiréis su pileta o su alberca
donde los ríos de la desolación,
carcomiendo,
depositen en el vacío
reciedades y escombros.
Demoled, soplad, ríos, vientos,
obreros de la destrucción,
que esta casa se mantiene
como su noche obscura y parcelaria
donde reposan los ínferos.

SAN CABEZA DE PERRO

San Cabeza de Perro.
Sentir un vacío es estar lleno.
He hecho daño.
He movido las cuerdas.
He estado en varios lugares
al mismo tiempo.

También he envidiado
las palabras tortuosas y las glorias
son del numen un ápice.

Empero he sentido la maldad oxidando
mientras fingía,
San Cabeza de Perro,
que era bueno.

Entre los corredores del destierro,
escogiendo los míos,
entro y salgo de la ostra,
limpio en otras lágrimas mis lágrimas y continúo.
Qué me importan otros llantos,
otros mares ciegos,
otra hoz sobre el heno,

si ocultan las hierbas
de mi corazón.

San Cabeza de Perro,
que te azotas y sufres y huyes,
gozando hacerte daño,
porque sabes que eres un ser despreciable
que te reproduces por las noches.

He visto en varios tiempos desde un mismo lugar
como se desvanecen las ofelias y la carne es débil.
Finjo que soy el otro, el san cabeza de perro,
mientras presiono en cada cuenta del rosario
una pasión que desgrano como un insecto religioso
y de cada muerte ajena vivo.

EL TUERTO VENDEDOR DE OJOS

Escuchando King Crimson. 21st Century Schizoid Man.
(In the Court of the Crimson King)

El servidor nace del nervio
y agita la esperma en su pared de músculos.

Ayer tarde el tamborilero no pasó por las cuencas,
no abrió su baúl donde se esconde el sueño.
Hay otro mito más real que es empujar la vida.
Jimmy sísifo hendrix
Janis sísifo joplin
Jim sísifo morrison
no hay otra yerba más fuerte que la muerte.

La otra parte de morirse está
en que lo abandonamos todo;
cerramos la puerta al final de los caminos
y se detiene estrictamente el maleficio
de haber echado a andar.

Por eso nadie debe correr el riesgo
de morirse en primavera,

pues no verá las campánulas
como se le vienen encima,
como le tejen entre los huesos
un ajuar de permanencia.

No verá como su cuerpo echa raíces,
florece y se abandona.
La muerte es un instante
pero un instante que perdura como la noche
y a veces se enciende sembrada de espinas
y a veces sembrada de hogueras.

II
Muérete húmedo.
Solo así la hiedra recubrirá tu pecho
y serás el muerto que alimenta la vida
como ha de ser.

IV
Ayer tarde el tamborilero no pasó por las cuencas,
su negocio de muerte no me hace más hombre,
yo no soy más que un hombre si la cabeza suena,
con mis ojos tapados se me escapan los mundos.
No me empujes al fuego, no me bajes los brazos.
La resaca del humo las alas son fugaces.
No confíes en nadie de más de treinta años.
Se me escapa el cerebro, se me van las pupilas,
el malabarista es dios, el tamborilero el diablo.

CYPRESS SWAMPS

Yoknapatawpha, 1929

La región donde el agua fluye lentamente
y los poetas bajo los cipreses leen versos con el agua al pecho
¿es el recóndito paraíso del que hablabas?
Qué triste haber nacido de la flauta, del fragmento apisonado
que encarnó esta selva sibilante. Qué horror asesinar
para cargar la piedra de las notas obscuras,
querer iluminarse del desborde que consume.

Son los caballos rabiosos que muerden las amarras,
oteando el mar su hiel de mediodía
la planicie cobriza de un sol que se desangra.

Hablamos de Yoknapatawpha 1929,
y el mundo se suicida en su alcoba,
y William no llega piensa mi mujer,
y hay incestos e incendios y muertes por asfixia.
En la cabaña el leñador posee a sus mujeres
agita el vaso fálico, las maderas libatorias
con la complacencia de quien provoca un diluvio.

EL GRAZNIDO. EL GRAN NIDO

Seremos nosotros, los animales moldeados a la intemperie,
cuando canto a la raíz y estoy cantando al árbol,
salterio de lo que se me escurre entre los labios;
lo que escribí en la casa obscura,
la que se levanta tétrica sobre el acantilado,
donde se rompen las olas y los pájaros.

Pasan premoniciones, rastros que revelan.
Soy el hacedor, el de la brizna en el pico.
Mi nido es heredado, escamoteado, no es mío.
He dejado que los demás hagan de mi un escudo,
sigo paseante bajo los flamboyanes,
las sombras que talaron en días aciagos.
No pienso en lo que fue ni vivo en el presente,
el presente será siempre lo que vamos perdiendo,
un gesto y un gesto es el signo que antecede.

El primer acto del hombre fue nombrar,
luego destruir lo nombrado.
Por eso la palabra fue siempre un encierro,
una construcción para echar a rodar las tauromaquias
con sus caminos pielagosos y los convidados de piedra.
La palabra creó mundos que habrían de venir,

roturando estos mundos, partiendo, resanando,
dejó de ser espíritu convirtiéndose en ritual,
para incinerar los caballos agrestes,
las tierras meridianas, los mares,
las heladas regiones donde las bestias lívidas
esconden bajo sus ojos el verano;
creó trampas y encierros y súbditos.

Sigo andando por estas calles.
Cuando entré deslumbrado a la vagina serpentaria,
herido de hormigón y vidrio todo estaba.
Mis manos no han parido ni una mueca
algo que en el gran nido muestre que he pasado.

Estoy puede ser otro tatuaje,
un canto del hacedor a las moliendas;
estoy es la razón de no haber sido
más que algo impersonal e imaginario.

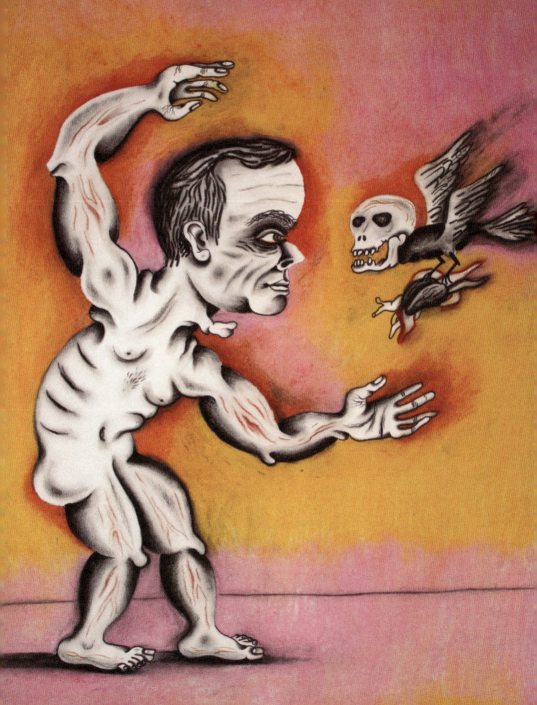

CANCIONES DE AMOR FUGAZ

DIOS ME DIO LA PLUMA DEL FUGAZ ESCRIBA

La pluma que quema, la que cauteriza
los sangrantes dedos del amante ciego,
deja su rastro incendiado sobre el pliego
transformándose en palabras de ceniza.
Ni el frío del desamor ni el breve juego
del que su fiebre con obsesión poetiza
darán más fulgor a la verdad plomiza
de la vaporosa tinta sobre el fuego.

Dios me dio la pluma del fugaz escriba,
la que se incendia cuando el amor entrego
inocente, como un temblor o un ruego,
al ángel que en vez de amarme me derriba.
Vuelo a la región de los muertos en vida,
que el ave fénix conoce y acendrada
cultiva con un desdén de convidada
que ha probado hasta el hastío la comida.

Pájaro de las muchas muertes, aleja
tu pico de mí, la lumbre retadora,
múltiple sueño del animal que afora,
las súbitas vidas sin ninguna queja.

Come, muerde, hiere, deposita, encierra
entre mis labios resecos de abandono
la lluvia de otros labios que destrono:
los incendios del amor tras esta guerra.

Sobreviviendo a la muerte y al pecado,
el ave carga encinta su descendencia,
es Onán que se masturba de impaciencia,
y pone nombre a su semen delicado.
Al Narciso frente al espejo, añado
la dialéctica del erotismo obsceno.
Sabe de amores como sabe el trueno
anticipar tormentas con arte pergeñado,
como sabe el amor morir de urgencia,
cuando el oro de los bosques demorado
desdibuja sobre el rostro un ser alado,
ojos de muerte, de amor y de demencia.

EL OLOR A TRIGO DE SU PELO

La mujer que trenza esta temporada
el dulce pan que no podrás comerte,
tiene azules los ojos. De la muerte,
dulce aroma como de miel tostada
ha hurtado; se niega a poseerte.
Sombra opalina sombra abandonada.
¿Cuándo y cómo comencé a perderte?
Era otoño sobre tu piel mojada,
quedó el sudor, su doble filo inerte,
entre los cuerpos una sombra amada,
fue la bruma, fue el desamor más fuerte,
ese hastío que llega a enmudecerte
nos hizo gravitar hacia la nada,
devorarnos el pan, querer la muerte.

LA INMORTALIDAD

*¿De qué otra forma se puede amenazar
que no sea de muerte?
Lo interesante, lo original, sería que alguien
lo amenace a uno con la inmortalidad.*

Jorge Luis Borges

Hombre balanza,
sobre la cruz, sobre la cuerda o sobre el agua.
Nada es inmutable
ni siquiera la inmortalidad.
El hielo que quema, el fuego que enfría el corazón y las espadas,
la llama que brota del carbón o de la letra,
la duda y el arrojo, son sólo formas
en que se manifiesta el dios de las dos caras.

Abraxas, ángel y demonio.
No por haber escrito una verdad sin máscara
el hombre se salva o se condena
ni su verdad deja de ser una mentira a medias.
Nada es inmutable.
Ni el paso rítmico del que cabalga sobre un búfalo de agua,
ni la cuarta cabeza del shin.
Ni las palabras quedan grabadas en la piedra.

Después de la franqueza queda un dolor ácido,
que sube desde el estómago hasta el corazón.
Después, vuelve la calma, y el hombre
sin el peso de la máscara viajará más liviano,
disfrutando el premio de su mortalidad.

REVELACIONES

Sólo tuve furias cuando buscaba las mareas.
Ni un verso me susurraron al oído.
Fui escribiendo como quien sabe de memoria
que la escritura es sospechosa.
He escrito de ausencia, de urgencia,
largos quebrantahuesos
como un fósil, un huevo octogenario,
tengo odio, violencia reprimida,
de tanto ser hipócrita.
La poesía me hunde, me crispa.
Quisiera estar callado castrando las colmenas,
ser apedreado, herido por lanzas militares.
Si he escrito sólo ha sido para quedar exhausto.
No tengo nada que decir busco el silencio.
Odio este parloteo las cortes las tertulias
la vanidad humana.

Un hombre desconfiado,
que sabe que la lengua es azote del cuerpo,
ramajazos indómitos de culebras y arbustos
que deslumbran a los demás cuando sangras.
Ni hablar en parábolas pude nunca.
Poeta de hombres que habrían de venir,

seres silenciosos y fuertes
a quienes la oratoria espanta.
La *gesamtkunstwerk*, la obra que contiene
las obras todas, es apenas
un rastro de humo en el aljibe.
Fui pasando por la vida con el dolor enorme
de poder ser todo y no ser nada.
No sé por qué me tocó esta angustia,
esta fiebre que sudo en duermevela
cuando trato de expiar mis muchas culpas,
y termino siendo el quieto,
el muertovivo,
un hombre de roble con los pies de barro.

AMNESIA

En la pupila reflejada en la gota
otra gota más tenue y más profunda,
otro ojo que a su vez se vacía en una lágrima.
Exprimido dolor que se evapora
para que no quiebre el corazón.
Si has mirado a través de los hombres,
bajo sus párpados transparentes,
estás contaminado de la misma epidemia.
Nada de lo que verás o te será dicho
podrás usarlo para alcanzar la eternidad.
La sabiduría es una coraza inútil
que no protege del olvido,
una corona que te hace vulnerable.

El ignorante escribe con una fiebre tenaz
                    que lo ciega.
Sacudido su cuerpo de músculos y huesos
sobre el que no tiene voluntad.

De su mente zarpan las conjeturas,
las palabras falsas se parecen tanto a la verdad.
Sobre ese mundo imaginario
se ha levantado esta casa.

Una estructura sólida, desolada,
como la primera ciudad que construyó Caín
sobre la tumba de su hijo Enoc.
Todos llevamos sangre adulterada.
Después de ver los ríos subterráneos,
las mentiras tan íntimas y absolutas
que ya no son mentiras,
uno se seca y enmudece.

Debe enterrarse la memoria,
ganarse como si fuera un premio el olvido.
La literatura y la política
pueden surgir con suerte de esa amnesia.

HOMBRE CONDENADO A VIVIR
CON UNA PIEDRA EN LA CABEZA

(de un lienzo de Pedro Pablo Oliva)

Un hombre que escribe sobre un papel de niebla.
El poeta no borra las evidencias de su crimen,
no puede comerse a sus hijos,
sabe que de esa forma no se construye la inmortalidad.
Parece simple, pero el poeta lo complica todo.
Bastaría con replegarse a su escritorio
una oda vacía al arte puro,
o prestar un servicio menor a la política
que lo convierta en un loro premiado.
Pero sabe que los héroes, esos hombres comunes,
han preferido las duras sábanas de hielo,
las luces de medianoche, los interrogatorios;
porque ese tipo de muerte resucita.

Le piden que se corte las venas;
que se enmiende, que ocupe su lugar de bufón
para que le perdonen su insolencia,
para que lo dejen comer las sobras del banquete.
Pero un poeta aunque lo acosen no puede,

desprenderse de su cola eléctrica, amputada,
de lagarto amarillo,
tragarse los versos que lo incriminan,
las rimas que exprime el corazón,
un puño apretando la nada
con el rigor y la cadencia de una gota
                    cayendo sobre la eternidad.

Entonces quedamos mudos.
Qué maneras tan graves, tan ajenas,
como reses que rumian los pastos del verano.

No hay techo y el poeta sabe que lo asedia el encono.
Sabe que nadie perdona el vigor de una letra tan suave,
una letra que no pertenece al reino de la violencia,
sino que es ira de los dioses, agua que llueve hacia arriba,
y los tiranos no resisten las intemperies crueles.

Te preferirían cantando en tu jaula.
Quieto, con la melena y la barba hirsuta,
lanzando un verbo insípido que danza con su sombra.
Poeta, animal domesticado, lobo reducido a perro
que aúlla cuando pasa un escorpión
o el gemido del viento le recuerda esos incendios
destruyéndolo todo.

El hombre dice palabras remotas y cadenciosas,
habla de estaciones cruzadas por angustias y desengaños,
no vale nada hasta que se desangra.

Pareciera volver al pájaro que canta, a la rama que crece,
al San Sebastián asaetado, a la revolución perpetua.

Qué poco sabe el tirano de estos dedos tan nobles,
de esta carne tan mustia que se recoge en su espina,
este hueso que se atraviesa en cualquier garganta.

El poeta se equivoca,
es obstinado, testarudo, vanidoso, frágil.
Pero antes de rendir la letra,
prefiere el cepo, la muerte, que lo desmiembren,
lo arrastren frente al coliseo,
cuando la poesía ha tocado en serio la caja de su espanto.

PEREDELKINO (1960)

(Joseph Brodsky conversa con Pasternak)

La corteza de nieve que cubre el abedul
comienza a gotear sobre una piedra al mediodía.
Son apenas las doce en Peredelkino,
y el poeta que viene desde una dacha en Komarovo
trae un puñado de versos subversivos;
el recuerdo de la cárcel como un viento helado
le reseca los labios.

Antes de encontrarse con el habitante de las nubes
se sacude la escarcha, se suicida,
suda frío bajo las luces de una celda,
frente al grito de un chacal que crece como un oso,
un túnel, un abismo.
Levántate y anda, poeta, dice. Creyendo que su palabra
joven resucitará a un anciano seco y moribundo.
Sin arrogancia, como quien carga un fardo
que le permite atravesar la muerte.

Sabe que un verso puede ser tan desgarrador
como un milagro.
Toma la mano todavía caliente del Doctor Zhivago;
y con los ojos cerrados sueña que bailan.

Baila el poeta cojo la zarabanda, mientras
aquella tarde sobre un hilo de whisky,
recita para Pasternak su pan de centeno.
Pero no era de esto de lo que venía a hablarle,
era del cáñamo, la flauta-pluma,
los inicios comunes del arte y la política.
Temía en el año sesenta quedarse prisionero
en una página dura como una cárcel en la tundra.
Por el río de los siglos, como una balsa arrastrado,
flotaría el poeta o lo que queda.
Había previsto el momento en que lo escrito
se convertiría en rebelde encarnación de un cuerpo.
La metáfora invertida, el hueso escriturario,
ebrio de beber salpicaría su resumo en el espejo.
Aquella noche de mayo, el poeta burgués
y el burgués proletario bailaron la mazurca juntos,
abrumados por la traición de clases.
La revolución perpetua entonces, camarada,
—con la sabiduría que emana de unos tragos—
es una herencia burguesa, dice Brodsky,
y el fantasma de Pasternak no le responde.

Sólo escucha el retintín de su propio vaso.
Unos años después despertaría en ese infierno
que es ahora la región de los Arcángeles.
Anna Akhmatova dice que Pasternak ha muerto;
y él la mira a los ojos, repara en su nariz tan grave,
en sus labios inquietos bajo una mordaza:
la poesía es una temporada angustiosamente breve.

LAS MANOS DE UN LETRADO DE TONKÍN

(autocromo de la colección Albert Kahn, por León Busy)

Las manos de un letrado de Tonkín
recuerdan las manos delicadas de una hilandera real.
Teje, hilvana, zurce, el hilo mágico de los imperios.
Reconstruye el oficio mártir de las arañas, esta tarde
hará caer en la tela de arroz una víctima, un victimario,
que no podrá deslumbrado separar los ojos de la urdimbre.
Entre los rasgos del hilo, la tinta martillea,
crea espejismos, alucinaciones.
Las manos de un letrado,
        las afiladas uñas de la fiera afeminada,
firmarán una muerte, subvertirán la historia,
deteniendo el tiempo con el raspado del metal sobre los pliegos.
Habrá que temerle a los ojillos enterrados
en las bolsas de bilis, las manos que son lengua
y oído (y odio), las tintas mercenarias.
Las manos son puñales,
alcurnias de una clase que vende y compra su corazón.
Habrá que temerle.
Las manos de un letrado de Tonkín
no son sólo las manos.

TAUROBOLIUM

EL TAO

Un hombre es un pájaro que atraviesa
una sala iluminada de la noche a la noche.
Sus plumas heladas, prendidas de la lámpara,
provocarán destellos fugaces.
Encanto efímero de una pieza en un acto.
Pero un hombre es un animal finito,
que canta sus glorias, que alaba sus prisiones.
Su única victoria auténtica es su miedo.
Trata de poseer y es poseído.
Porque es infiel es frágil.
Mata y miente cuando una sombra augusta
lo persigue.
Ha inventado un Dios que desconoce,
un poder que se alimenta de su angustia.
Todo su fracaso está en la vida
pero el hombre se excusa tras la muerte.

HE BEBIDO MI MARTINI 35

No confíes en nadie de más de 30 años.
JACK WEINBERGER

Hay una cuerda breve, una tensión distante,
de la cuerda a mi cuerpo se sucede la muerte.
Sembraré girasoles, amapolas y herrumbre
en el sanctasanctórum de tus huesos.
No me mires a los ojos, no me bajes los brazos,
sifilíticas perras, dichosas mujeres.
Un hombre solo cae de tristeza.
Una fila de sombras me sostiene.
A esta hora en que te vas, seguidita de incienso,
me maduran los hornos, estoy ciego, me quedo;
soy una bruma solaz que se abalanza,
un hilillo correntoso de saliva.
Me he vaciado en tu cuerpo, soy tu ombligo.
La imagen y su reverso, la palabra,
nunca pude ganarlas para ti.

QUIERO ESCRIBIR PERO ME SALE ESPUMA

César Vallejo

Si no alcanza el nirvana, un estado de gracia,
el poeta dice: contaminémonos.
Ruidos, quejidos, las maderas que crujen
bajo el peso, el sobresalto o el asombro;
todas las noches follan ratas en las paredes.
Anacoreta, eremita, hombre del silencio,
una andanada de voces el poeta escucha.
Y no hay corcho, no hay yeso, no hay tapones.
Hoy dentro de mí marchan los ejércitos.
¿Qué conjuras? ¿El llanto? ¿La arena que asfixia?
¿Las ardientes dunas que eclipsan la tarde
mientras avanza caótica la noche desde África?
¿Un tsunami de arena o una invasión de tábanos?
En este edificio los pisos son de tablas.
Enfermos moribundos, niños, algarabías
suspiros de las penetraciones.
Este edificio, la casa del poeta,
es un vertedero enorme.

ARNOLDO MATANDO AL MINOTAURO

Estás sumido en el espanto,
en la barriga de un caballo rígido que galopa, se encabrita
y tiene la dentadura fría como el mármol.

Hay un hotel en frente, una ilusión que existió
                            de aquí a veinte años.
Las ventanas son ojos inquietos que te miran.
Si entras por esa boca que parece una puerta,
ve hasta la cocina y prepara una copa.
Estoy hambriento de comerme palabras.
Te tiraré a matar, te partiré las piernas;
tengo un coágulo de violencia que va rompiendo arterias.
No sé cómo atrapar las frases que no escribo.
Tanta ausencia me aturde.

Con tu cabeza de buey sublime has corneado mi vientre;
y ahora, sosteniendo las entrañas con una mano,
te clavo la viga de mi ojo en ese triángulo
reverberante donde el torero inserta el estoque.
El que mata conquista y al conquistar pierde terreno,
resbala con un pie dentro de un tobogán que se desliza;
un ojo negro, una puerta-boca,
una garganta enfebrecida se lo traga.

No puedo, sin embargo, evitar que la humedad
de la espuma y la sangre
me recuerde la consistencia de una jarra de cerveza
 con jugo de tomate.
Lo abominable tiene ese gusto agridulce
de limones podridos que te quema los labios.
Arnoldo, no sé por qué he pensado
que podías haber matado al minotauro;
pero la noche estaba bella,
y un crepúsculo así sólo debe teñirse
de la sangre más noble.

77 RUE DE LORESTE

Como la disidencia cierta aristocracia entiende,
al espíritu vuelvo los manjares,
se pueden quemar en mi horno,
la manteca pastelera crujirá salpicada.
Útil seré así, agrio como soy;
de nadie enemigo, pero en este caso,
los consensos conciliábulos me esquivan.

Verán, ustedes quieren que me defina;
yo, en cambio, diferentes a mí
los prefiero, sonándose las narices,
haciendo gestos obscenos, picando los ojos.

No he descendido lo suficiente;
en la salmuera habitan pecaminosas
omisiones de pescado,
carpas chinas que navegaron a donde nadie.
Soy peligroso les confío,
siempre estoy en duermevela.
Aquiescente el olor de los lacones
expiro en la serranía;
un golpe de parada, una llama
reverberará su éter: un fogonazo.

Nunca he ido a Santiago de Cuba,
escribo en la reveillon de mi familia,
oro, el metal más precioso, a mis santos
que alguna vez fueron judíos todos.
En este invierno (este infierno),
las misas me caducan abandonado a la ayahuasca,
trick or treat,
el niño que Horace mandó
a casa dice que sigue escribiendo.
Hijo, el escritor es un ser inocuo,
un enfant pédant de soledades
y asombros recompuesto.

Callandito vuelve, correveidile;
en las cruces de los extremos hay ladrones.
Aquí, en medio de este fuego cruzado,
defino mejor, escucho.

Cerca de los bordes,
las mentiras, las cenatas, las encerronas,
como un cencerrón esquivo.
Pasan gorriones, se atrincheran,
¿será que vuelven las tarántulas,
las melancolías?

LA ISLA INFINITA

Sobre las llanuras marítimas
se dispone la nimbada cordillera.
Es la isla balsa y su imagen de agua
la planicie y sus catedrales etéreas
donde se gestan los aguaceros más crueles.
Una isla es siempre la isla y su cielo
la isla y su campana imaginaria
es decir la isla y sus límites.
En el vórtice se simula la perpetua
manera aquí no pasa nada
cuerpo volátil que se concentra
el oficio de las islas es
permanecer después de los ciclones.
Aquí pueden congelarse los contrastes
las radiantes pinturas que provoca la luz
en los resquicios de la sombra
efímeros grises claroscuros
vientre de sol marea lunar
argentadas puestas dorados amaneceres
coleóptero que imita la fronda fugaz
cazuela de grillos palpitaciones
mugidos del ganado interestelar.

Este bumerán se lanza se difumina
cubre el ciclo gravitatorio retornando
la isla queda entonces entre su calma chicha
región arada sobre el mar.

AGUAFUERTE CRIOLLO

No bajo si las raíces están a flor de tierra;
las maracas y bongoes enyuntados,
pájaros negros hacen volar las manos.
En la provincia de la provincia,
providencia acaso, videntes niños vuelven
                 hacia adentro los ojos,
del ordeñamiento pájaros negros.

Mi padre y su padre y su padre aquí murieron;
entre los aguaceros a cántaros naciendo,
aquí se aposentaron en los bronquios
las vegas neblinosas empozadas.
En la cáscara apenas un rasguño, una marca.

Cuatro negros tocan los compases
de una conga, cuatro blancos
pulsan el tres agitan los sombreros
batiendo al viento palomas torcazas.

Si del festín quedan al pairo los ajiacos y rones bullendo,
en la marmita el café, los coladores,
como una tripa, una ubre desangrados,

desollaré la res entonces,
perseguido como estoy por los olores.

Estos velorios pájaros negros son
que picotean en sí mismos, se entierran,
los timones del ala quebrando.

Al invitado que nadie invitó suceden
los rituales y antiguas procesiones
de negros descalzos rumbo a los lavatorios,
brumosos los negreantes azules esmaltados.

Ronda de medios rostros, el aguafiestas,
el invitado incómodo afila sus puñales.
Supongo que sepan que no me gusta,
como al anterior, el rabo del cerdo.

El oscuro comensal dispone la pitillera
para inventar ciclones e incendios,
entre las cañas y palmares

baten en este agosto los vientos convocados.
Y los descensos y las libaciones ante los ojos,
como un estar quedando se suceden.

PSILE ET PSOLE

Calla y canta, bebe hibisco, frambuesa, rosas;
en la casa del poeta cualquier gesto sublime
transporta al baptisterio, a los templos paganos.
El poeta y su amante tejen alfombras, luces,
escenarios magníficos, esperando la entrada
de bellos mancebos, de otros poetas tristes.

Yo me marcho temprano, ya me escurro querido,
para que entre la *gayada,* la tropa soberbia.
En este reducto de los cultos priápicos,
el poeta defiende su derecho a adorar
                las más encendidas perversiones.
Dirá que insatisfecho con una costilla
quiere moldear con sus manos un ser como Dios.
Caminar entre canutillos, reflejos, escándalos.
Y ser torpe y morir y sentir que pisa los límites.
Epicúreo transita Lampsaco y Mitilene
se recoge en el jardín de las espinas,
hace un catastro ingenuo de las tierras posibles,
                de las cercanas geografías.

Tan santo, tan demonio como yo
que tejo una selva húmeda como un pubis.

El poeta y su amante flotan acaso picados de rubor.
Digo el poeta y su amante, pudiera decir el poeta
                    y su esposa, y su esposo.
Sólo que son tan viejas estas convenciones,
tan látigo de piedra.

Concluyen hacendosos las faenas
y se sientan entonces a la mesa tomados de las manos
y se besan cómplices en los ojos.
Mientras los hijos vuelan,
son sombras enfebrecidas que van a un hueco ciego.
El poeta y su amante son estériles;
son sólo el amante y su sombra,
el poeta y sus posibles máscaras,
sus abandonos,
su forma de no multiplicarse.

PARA MANTENER BRUÑIDO
EL ESPEJO DEL CORAZÓN

Si los centauros no están quietos piafan,
y el segador de trigo tiene maduros
los ojos, vientos que la luz apaga,
cuando entorchado revela de alquitrán y estopa.
Es fácil preparar las raciones y el vino.
En este canto los metales se desbordan
y orar dos veces es llorar hacia adentro.
¿Quién destrenza las alas de las aves que duermen
los sueños amargos y los dulces augurios?
Un puñado de perdices en el ojo es la muerte,
en su estado natural los cielos pueden abrirse
si la mano conmina su ejército celeste.
Una muerte y otra son una muerte única.

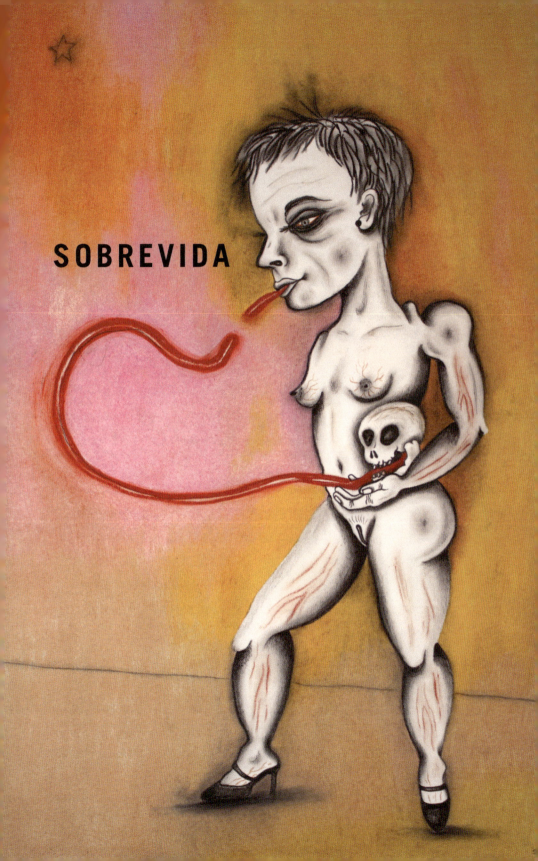

*Cuando cavéis en busca del sobreviviente que
os entretendrá (...), sacadlo pronto, vivo.
Yo no soy de los que mienten más que un sobreviviente.*
                                      MACEDONIO FERNÁNDEZ

DESDE LOS BALCONES
DE LA CALLE ALMIRANTE

*Pero dejad al poeta que en su balcón hable
y los que duermen se moverán en su sueño,
se despertarán y contemplarán la luna en el piso.
Esto puede ser bendición, sepulcro y epitafio.
Puede, sin embargo, ser un encantamiento
definido por la luna —por mero ejemplo—
opulentamente clara.*
WALLACE STEVENS

Miramos la mueblería de cedro y las paredes de palo rosa,
aquel instante en que las flores secas, dispuestas en la anforilla
que rescatamos con un asa quebrada de entre otras herencias,
simulan miniaturas de otoño cristalizadas.

Desde el sillón de mimbre del poeta
puedo ver por el espejo ligeramente inclinado
las tardes grises de Lima,
la garúa y los acantilados;
sólo entornar los ojos para que vuelvan nítidas
las madrugadas en la esquina del parque,
Barranco, la ciudad de los molinos,
y esos viajes por el puente de los suspiros
que une las buhardillas, el mirador,
con el resto del mundo.

Allá la ciudad envuelta en papel emplomado,
la niebla y las mustias palomas trastabillando
en las cornisas de la Catedral,
a unas cuadras del convento de Santo Domingo.
Allí en las catacumbas, alguien escribió
sobre el túmulo de Santa Rosa de Lima,
vivir es un misterio.

En este piso he viajado a otras estaciones
me he vuelto frío de tedio
he tiritado y he vivido el amor
mientras paladeaba el café negro de mi muerte.
En estas cuatro estaciones de paredes machihembradas,
en esta cárcel de mamparas humanas,
he recorrido estático los mundos interiores,
libre en la extensión de la fiebre y la máscara,
una cuarta dimensión de la carne.

Este es el sitio donde escribir me satisface,
nada supera el poder de la palabra;
todo es quietud, remanso, respiración dormida.
Silencio, mi hija y mi mujer, mis niñas, duermen.

Aquí yo, pequeñoburgués, he reposado.
Para todo hemos creado un sitio;
un lugar donde parece inamovible
la tasa sobre el mueble
o los volúmenes dispersos por el suelo.
El que no tenga un sitio así debe inventarlo;

que le ponga cipreses militares, corredores de piedra.
Una casa que fue húmeda, crustácea, inhóspita
para transformar en entrepierna.

Todo partió de los orígenes de la lumbre
                    sofriéndose en el aceite,
el sonido restallante del ojo,
las manos grotescas como pájaros
deslizándose con sus puntas órficas
sobre el pergamino, las pieles o la piedra;
pero el origen estuvo en la casa,

las obscuras moradas hurtadas a los bosques
cobijan abejas de oro y lebreles de plata,
que reproducen en sus cuerpos veloces
los soles y las lunas que entregamos.

Hace su entrada una generación eléctrica;
metálicos y punzantes con sus ruidos sincrónicos,
el ronroneo del queroseno en los fogones
y las flores de flamboyán como una escarcha líquida,
una nevada naranja en los portales,
antes de que una manga de viento humana
los pusiese raíces arriba, a ambos lados de esta,
comparada con otras, amplia avenida,
yendo a morir como los ríos en el puerto.

Una cuidad pasa y otra se levanta sobre esta,
y en el entreacto un hombre pierde y gana

los sitios que imagina, que inventa o que recuerda;
los sitios, en fin, de otra ciudad escrituraria.
Y es entonces que vive su séptimo día,
dónde puede barrer con una mano,
mientras levanta con la otra, sin mentir.

SILENCIO.
MI HIJA Y MI MUJER, MIS NIÑAS, DUERMEN

Hubo tormentas esta temporada.
Las veía venir pero miré a otro lado.
Era un glorioso remolino que lo ponía todo en su lugar.
Tormentas así, pensé, deberían de suceder más a menudo.
Apenas recogemos, es decir, ella recoge
una canasta de flores y castra una colmena,
y la escucho decir con esto basta.
Es tan blanca que las venas bajo el pecho
recuerdan un ala de libélula.
Tan pálida que se le ven las corneas bajo el párpado
y aún cuando duerme parece que te mira.
Flotan por los laberintos, mis dos mujeres,
sobre las ciudades alucinantes de Remedios Varo
y Leonora Carrington.

Me he casado con dos mujeres transparentes.
Una duerme sobre mi hombro
la otra temblorosa vuela.
Con estos miedos, por estos cuerpos vulnerables,
habré de vencer la peligrosa calma
que sobreviene después de la tormenta.

UN FOGONAZO

Si se contiene en un aljibe toda la lluvia,
una tripa de cabra, y al tirar del mimbre
queda el justo orificio para el tapón de cebo,
la nube prisionera ordeñada por su nodriza
será potable esencia del opio celebérrimo
que se escapa por la costura.

Camino de la seda, ruta de mercadería,
hay caballos salvajes corriendo a contravientos.
Los truenos que se tragan en la pechera
sonarán como el gong de los mogoles.
Panderetas, castañuelas, en la estampida
asciende un aguacero la polvareda hacia arriba lloviendo.
Sajadura en el saco de trigo,
despanzurrado por la hoz se queda
pendiendo sobre las tarimas.

Recoges tu puñado de sal de tierra,
tu escapulario, y te lanzas abejorro,
al último vuelo nupcial, la última herida,
enterrado con honores militares.
Matria, matrona, meretriz, patria enclenque,
ubres chorreantes de leche y almíbar,

estéril como el mulo, su cencerro toca
precipitándose por los desfiladeros.

Un peso que se desprende por el desagüe
no es más que lastre que el vuelo nos quemaba.
La tormenta no existe, el pájaro la inventa
para romperse contra los torbellinos.
La nave calafateada con coágulos y tierra,
desde la niebla volverá buscando atracadero;
una barcaza sin dios, barcaza sin vigía
recortada en el azul como un acantilado.
En el abismo de la marea el mascarón de proa,
grotesco semidiós de barbas descuidadas,
donde anidan crustáceos, vegetales parásitos,
desde el profundo Belvedere nos mira.

Muerto de ojos enormes puedo sentir tu espanto,
el aliento de tu soberbia contenida.

Yo que escribí sobre el tabaco, las ensartadoras,
sobre el sur de violines y guitarras,
la armónica, el moscardón que sobrevuela
con insistencia eléctrica entre los algarrobos.
Mujeres que el zumo de la lima escancian,
los perfumes decantan con una simple alquimia.
La leche espumosa, las costillas asadas,
los negros que regresan del bajo Mississippi.
El fuego y la crecida, la bandera cruzada.

El sur de azadones y sembrados
con su pecado y su violencia bruta.

Entre los hombres simples del campo he estado siempre,
tierra húmeda y quemados pastizales;
espiga que revienta su ruta de migajas encendidas
        a través de la noche.
En la herrería de Weland dejé mi monta y una moneda
y seguí el camino errado sobre el agua.

CON TANTOS OJOS

Hay ojos tan viejos que dan grima.
Tanto mundo bebido a boca de jarro.
Ojos que no lloran, ojos como escamas.
Pagados. Siniestros. Hipócritas.
Ojos reducidos como dátiles.
Cabezas disecadas que otros indios del Morona
han dejado del tamaño repulsivo de una pupila.
Te caen,
te llueven de pronto
y terminas cubierto de tantas soledades,
de tanta memoria atrapada
en un espacio en el que moriría una tarántula.

Alguien escribió:
"Soy cubano pero si no lo fuera pagaría por serlo".
Y lo escribió en el parachoques de un auto, en los cristales,
en un sticker, en el tronco de una palma,
supongo era un poeta —un hombre—
camino hacia su casa
declarando al mundo que su madre y su padre
nacieron en un país llamado nunca.
Pero ese gesto insignificante es casi un trueno.
Es temerario a las puertas de otro siglo

ir callado vociferando una metáfora;
decir que perteneces,
que eres sangre que limpia su aneurisma.
Un emigrante
cruza la ciudad que le ha arropado con un disparo en la nuca.
En esta tierra con hombres sin pasado,
a donde todos llegan a montar su carpa,
descubre el placer de la memoria.

Alguna vez el bagboy del mercado más cercano
fue un poeta o el viejo que cuida los jardines
un senador, un loco, un almirante.
Cualquier cosa es posible, nadie sabe.

Alguien escribió un verso y su mentira
era más poderosa que cuarenta verdades.
Y su urgencia de ser era un versículo
aprendido en el dolor y la intemperie.
Después de todo, supongo que decía,
algo hay que aún no me han quitado.

COCONUT GROVE

Nadie sabe,
estamos siguiendo un rumbo errático,
y donde habría de estar un sembrado de enormes cocoteros
la ciudad se vuelve un río de automóviles,
un reducto sureño, un hervidero de turistas y comercios.
Aparecerá en algún lugar un oasis
y habrán artistas callejeros,
lunas heladas y rojos temporales.
Vivimos cerca, pero la cercanía apenas
nos prepara para la ciudad transmutativa
donde convergen todas las ciudades.
Pueblos judíos del sur de la Florida,
ciudades modernas, villas, antillas replicadas,
caseríos y albercas, arboledas y fuentes.
Calles de trazados matemáticos,
un ilusorio enredo de casitas holandesas
y nombres difíciles de repetir.

DONDE EL MUNDO NO PUEDA TOCARTE

(Para Aldo Martínez-Malo, in memoriam)

Eres el bailarín que ensaya detrás de los andamios.
Ubicuo mitómano, fantasma iluminado.
Hay una sombra tuya, un paraguas, una nube
sobre todas las tardes de tertulia de este siglo.

Oculto donde nadie te mira, donde nadie pueda tocarte.
Cuerpo público, hombrecito, notario. Albacea de los espíritus
toca la sostenida nota, la aguda que rompe los tímpanos.

No hay árbol, no hay huerta, no hay sembrado,
donde no estés desde antes cuidando con tus manos femeninas
para que la podredumbre no hieda.

¿Como ocultarte si te desbordaste por los ojos?
Heliotropo, maestro, niño, ingenuo espadachín.
Está cayendo la tarde.

TITO PUENTE TOCA TIMBALES EN LA LUNA

El maestro Tito Puente repica con las baquetas
      la panza del canguro,
con ágiles molinos metálicos o graves.
Con una mueca augusta, un tam-tam sostenido,
agujerea los parches teje una alfombra sonora
rompiendo gravedades e inercias musicales.
Es un ciclón newyorican batiendo en la ventisca
remedando el sonido del granizo y la lluvia.

Le susurra zalamero su ritmo al oído
y el bajo hace una entrada de cadencia mulata.
El maestro Tito Puente está tocando en la Luna.
Y hoy la noche es más larga y pareciera que el astro
que refleja ilumina de grises encarnados.
Tiene un codo en la tripa de nylon,
y un ciclón tropical y un turbante,
como un ala de nieve o un ángel,
como un gorro de estambre.
Es un niño que golpea sobre un cartucho inflado.

Tito Puente está alunizando en los cráteres
con smoking de satén y zapatos de dos tonos,
levantando con su baile una lluvia de estrellas.

Y se escucha la voz de Celia y los acordes
de Carlos Santana.
El maestro Tito Puente está tocando en el oído
de Dios y hay un brillo estelar de champola e incienso
junto al sonido de un tren al pasar.
El maestro Tito Puente está tocando y eso basta.
En la luna de un espejo o en el cuero de un chivo,
o en el parche sintético o en la caja o en el cielo,
o sobre un charco helado o sobre una cazuela,
sobre el haz de un relámpago en la noche cerrada,
en la noche sin lunas de Manhattan.
El maestro Tito Puente esta noche
está tocando en la Luna.

UN VENDAVAL: UNA VENTANA

Esta comenzando el otoño,
la ventisca que baja desde el norte
es una ventana que tira
magnética del cuerpo
para atravesar estas oscuras dimensiones.
No sé dónde estaré mañana, pero ahora
el alfeizar me oprime el estómago
y estoy colgando en vilo
como un potro sacado de un pozo.
Debe ser el derecho al pataleo de los ahorcados,
la lívida regurgitación de un hombre
que se arrima a lo desconocido.
Sólo aprendí una cosa y la comparto,
la vida hay que andarla en tenues espirales,
de otra forma si te lanzas al frente,
flecha fija en busca de la diana,
serás el asaetado, la víctima,
porque todos los finales llevan al comienzo.

Un hombre recto, un mulo terco,
que evita los caminos de arrieros,
se encontrará al final con un niño
desconocido y lejano que le recuerda

los días en que la leche caía tibia
del regazo y era tan sabio
que no podía encontrar las palabras.

OCTAVIO PAZ ES CONVIDADO A CENAR EN LOS ALTOS DE LA CALLE ALMIRANTE

Ah, que me quede a tu manera pides;
la nieve en el ala sempiterna,
sobre la novia o sobre mí o sobre nada.
El aguamiel ordeñado a los magueyes,
en disparos fugaces, en vitolas,
el humo es el ave que pernocta
por sobre las pupilas y los cielos.

Un hombre, el otro, o lo que queda,
se precipita al centro de su sombra;
descubre los mundos paseantes
donde los vientos estacionan sus moliendas.
Y repasa en la memoria las caídas y el tiempo
que falta, para que el tiempo y su caída no agoten.

Ah, esto, lo que quedó del viaje al que llamamos vida.
Lo tocado, lo bautizado, cuando el lenguaje
y la gracia una mezcla deslumbrante eran.
Lo que nombraron otros y la voz
va dejando sembrado o lo subvierte.
Así ha sido asomarse a la vida por el ojo
del primer hombre.

Y que me quede pides.
A mí que al habitar las ciudades tardo
y al fundar siempre temo que el acto me consuma,
que la mano me diga sólo piedra.
Mi verso es una pose,
porque no he sido ungido
ni ustedes tampoco.
Así que a bajar las ínfulas
y a transitar humildes los mundos sutiles,
donde la mano grave pronuncie ese gesto
al tocar con cuidado.
Que la pupila beba y que deje.

SUFICIENTE POR HOY

Suficiente por hoy, voy a dormirme
sobre un pedazo de estopa encendida,
sobre el aspa de un molino, mañana es otro día.
He cantado y aún soy pobre;
tengo una luz que encandila, un reptil,
un paquete de habas, una piedra y un hilo;
recuerdo que tenía un par de cosas más,
pero ni modo.
Ahora poseo un hueco también hacia la nada.

He perdido, pero tener un hueco,
un lugar que conduce, un orificio perfecto,
es algo que compensa lo perdido.

Sostengo la nada como una esfera fría,
hundido en su espesor tirito.
Rufo de mí mismo, soy mi padre y mi madre,
antes de mí no hay nada.

Cuando escribo con esas líneas rectas
en renglones torcidos, en aljibes pulimentados por el moho,
los graffiti de mi angustia,
tengo la soberbia de convocar un aguacero.

Que entréis vientos de la desolación en la casa mayor,
granizos, raíles de punta, gatos y perros renqueantes,
este hombre que aquí veis tiene la nada,
por eso tiene que ser más fuerte que el vacío.

La nafta, líquido volátil, laguna de peces deformes,
unas flores arden y otras flotan sobre la alberca.
Los ojos de la res decapitada en la tarima,
de la cabeza del pez, del manifiesto marino,
del dictador momificado faraón fálico,
cazador algonquino que se come la nieve,
mientras carga la luna en sus espaldas:
un morral, un ensarte de mujeres soles
y un trillo entre los giralunas.

No-me-olvides, florcita recatada,
madre que en la trastienda restriega los calderos;
una flor que se ruboriza en un agujero negro,
entre las pálidas tetillas de un muerto.

Flor de muerto, echa raíces en la carne putrefacta.
Vuélvete un árbol ralo, un surtidor de fuego,
una buganvilla, una sombra de rojos resplandores.

Ayer escuché una corneta china,
y ruidos de sartenes y cucharas;
pero en Vueltabajo sólo existe el silencio,
la planicie entre mogotes, la llanura marina.
Si te apunto con este dedo te mato.

Si me disparo un tiro de humo a quemarropa
no hay palabra más elocuente que el silencio.
Por eso cargo con él y entro despacio
en los corredores de la nada.

No sé cómo me escamotearon un país que era mío,
como un trozo de vidrio, una culebra,
un tacón de mujer, un arpón rústico,
la punta envenenada del venablo:
una isla de jonases náufragos.
Todos me interrumpen, quiero escribir en paz.
Escribir nunca ha sido una tarea fácil.
Soy el loco que habla consigo,
el que escribe consigo largas letanías a la nada.

Mi locura es mortal tengan cuidado
puedo escribir a veces con un arma en la nuca,
con cientos de ojos vigilantes que revolotean sobre la noche
y sentir el aleteo frío y la saliva,
y escribir en la palma de mi mano
un conjuro que lo desaparezca todo.
Fantasmas míos, verdugos míos,
habiéndomelo quitado todo me enseñaron
que un hombre de verdad vive sin prisa.

CASA OBSCURA, ALDEA SUMERGIDA

1994 - 1999

¿Adónde os me llevan? ¡A la casa triste y desdichada, a la casa lóbrega
y obscura, a la casa donde nunca comen ni beben!
Vida de Lazarillo de Tormes y de sus fortunas y adversidades

Se diría una aldea sumergida. La noche
gotea fría sobre los umbrales, y las casas
esparcen humo azul entre la sombra. Rojizas,
las ventanas se encienden. También brilla una luz
tras los entornados postigos de la casa obscura.
Cesare Pavese

FACHADA

I EL GRAN VIDRIO

La novia puesta al desnudo por sus solteros, aún...

> *No hay que obstinarse, ad absurdum,*
> *en esconder el coito, a través del vidrio,*
> *con uno o varios objetos del escaparate.*
> *El castigo consiste en romper el vidrio*
> *y lamentarlo apenas se consuma la posesión.*
> MARCEL DUCHAMP

Finalmente, las paredes de plomo antorchan los sentidos,
conjuran fragmentos de un paisaje,
una calle que conduce a ningún sitio,
una mujer que no os pertenece,
se ha encendido un mundo más allá de este encierro
con ardiente paciencia imaginado.
He construido un ritual esplendoroso y lo he llamado vida
pero es sólo memoria de este lado del vidrio.
Finalmente la pared   como un portazo suena,
hermética, inanimada artesa donde se amasa el barro,
el pan de piedra que soy al fondo de este abismo.
No deja, este brocal, descender ni siquiera
el ínfimo, volátil gas del alumbrado,
mujer de humo, geografía inconclusa,
espejismos que el cristal del anteojo crea.

Nada veo de erótico en la novia al desnudo,
más que el deseo reprimido, la impotencia,
el desamparo del cazador tendido en su trampa.

Una muchacha agreste puede mostrar la horcajadura,
rehusar cálidamente el rito fálico,
ser la muñeca de porcelana moldeada por un gusano eléctrico,
que pone en el amante su antifaz de seda.
La muchacha y el amante que no es amante truenan
sumergidos en un lecho de ramas
donde el gas asciende y la mano en pira es fuego orgásmico.
Nada de esto sucede realmente, en la vitrina
no hay oxígeno que alimente los incendios vestales.
El deseo tiene la calidez de un cubo de hielo
apretado por largo tiempo entre los labios.

Voyeurismo es ausencia, asomarse al infinito,
vivir el vértigo, consumirse en ceniza,
romper los límites, la sombra de una tarde
que se arqueaba como una nube entre tus piernas.
El caudaloso río de sangre agolpa en los templos
martilleo de tambores y flautas de bronce.

Antes, cuando la novia no estaba vestida
ni habían paredes de plomo,
el acto de fornicar no se blanqueaba en el lecho
con unos cuantos golpes de filosofía pederasta.

Aún después de ser puesta al desnudo en su matriz de arcilla,
espiada por los solteros, exvoto y holograma,
vibra tras la pared
sobre la superficie de la galaxia
vestido de agua su cuerpo inmarcesible.

La novia, un motor futurista
      impulsa con sus aspas cuerpos vacíos,
un latido eléctrico de obscuros deseos.
Desnuda por sus solteros,
se deja habitar de fantasías tangibles como el aire,
y anima los guiñoles de un retablo.
Imbricación del gas volátil que alimenta la lumbre,
humedades de una cascada que asciende,
movimientos de la llama ondulante en la quietud.
La novia una obsesión apenas,
una idea fija que conduce al espanto.

Aún después de ser puesta al desnudo,
no florecerá ante el deseo porque duerme
      vestida de esa calma asexual y atinada,
esa lejanía de amante que mira sobre el hombro.

Alguno de los solteros saltará hacia el vidrio,
el gran vidrio,
asesinando con un fragmento
los sueños de una novia,
completamente vestida,
y que soñaba no ser desposada
ni puesta al desnudo
por sus solteros aún...

He quebrado el vidrio y empiezo a lamentarlo.

I DADOS: 1o. LA CASCADA,
2o. EL GAS DEL ALUMBRADO

1o. LA CASCADA

Algo hay fugaz y masculino en los vuelos rebeldes de una falda.
Será el acto de caer sobre la piedra,
elevarse entre los humos verdeazules
    que envuelven los cirios del amanecer.
Será quizás la persistencia de una mujer en carne que cae i
                              n
                                 t
                              e
               r
          m
            i
                n
                a
                    b
                       l
                         e
                           m
                        e
                    n
                  t
           e

Sin embargo el gesto femenino
de la mano que sostiene el candil,
que enseña los senos y la blancura de los muslos,
quebrando la pelvis como un arpa o una nube,
encierra para mí una suave virilidad.

El fuego, el intangible fuego, ablanda el vidrio y los metales.

Sólo son siete las vírgenes que te rodean.
Para morir en este espacio es preciso saltar
que es encontrarse.

2o. EL GAS DEL ALUMBRADO

Que el mundo giraba sobre el caparazón
        de una tortuga milenaria.
Que la tortuga era la joya
        engastada en el anillo
del hombre que te pierde y te rescata.

Que el dedo puede elevarse para bendecir
o caer fulminante
en su versión de ave césar...

Un árbol decapitado sobre la hierba puede,
a pesar de ser un tronco mutilado,
transformarse en la ecuestre Deyanira
a horcajadas sobre el rey de los centauros.
Se levanta en un rapto, digo un grito,
pierde contornos...
y la mujer poseída   violentamente,
descansa como de cal la encrucijada de los muslos,
y el mar crispado en el remanso de su bajovientre
obscurecido por un halo repulsivo.

Ahora la mano que sostiene la luz desorienta,
arrastra a romperse contra los arrecifes
marcados por la bruma en lontananza.

Dados,
el juego de esperar que cambie el viento.
Mientras de la mujer desamparada,
perdida entre las lanzas ecuestres de la hierba,
queda apenas la silueta vacía de una huella.
Imagen del espejismo de la luz
que eleva sus catedrales magnánimas,
sus claustros, sus claroscuros,
sus figuras fantasmagóricas y libres de prejuicios.

Solo queda esperar
tras la grieta imperceptible en el madero
tu número de suerte,
la mirada cómplice,
o que se abra la puerta.

A LA SOMBRA DE UNOS VERSOS DE RIMBAUD

A l'aurore, armés d'une ardente patience,
nous entrerons aux splendides Villes.
ARTHUR RIMBAUD

Bajo el acero plomizo que sorprendió las llamas,
danzantes y escurridizas sobre los cuerpos bellos,
dorados almendros muertos de las brujas de Salem,
muchachos tristes siembran espigas de invierno.

Campos donde pastarán mañana los soldados
mientras hilvanan riendas que nunca han de usar,
aleteantes caballos del letargo marino,
fuego de la escayola en una hoguera de vidrio.

Volátil como el fecundo pájaro de los augurios,
ángel de la marisma, zurcidor de herejías,
esclavos somos de un verso infértil, una rima,
que se seca y curte con el sol y el salitre.

Verso de mis ojos, horizonte más allá de mis manos,
siempre lejos cuando arde la llama en el testero
—libre humeante pletórico de brumas violáceas—

agua que me seca, sobrio navegante,
unos muchachos locos han incendiado el cielo.

A la sombra de un verso, un fresco manantial
que anida en su cauce la fronda sublime,
una corteza ajada por dardos de agua,
pájaro frágil que canta y llora al no ser.

Amanece en la estación de los poetas vivos,
tierra baldía, tierra hacia donde has de remar,
sobre la arena inermes los nuevos sirgadores
han tomado de navío una isla a la deriva.

Hay poemas sobre los que una cruz alarma a los tiranos
y una infusión desciende al interior de la mañana,
región donde se embridan ciclones y angustias,
donde ebrios buscadores de alguna alquimia nueva
alzan la vista al cielo y se los traga el mar.

IN UTERO
[PUERTAS INTERIORES]

*Hay cosas que se conocen
y cosas que no se conocen.
Entre ellas hay puertas.*
WILLIAM BLAKE

EL CENTRO SAGRADO

(espacio para las ceremonias de la vida)

Una extraña ha venido a compartir
la habitación en la casa enloquecida
una muchacha loca como los pájaros.
Dylan Thomas

Hay un sitio en la estufa/ donde el verbo y la llama danzan un ritual doméstico de fiera enjaulada. Animal dócil que amaestran las manos y el hierro/ para servir a la urbana procesión de las familias. En el principio era el olor a romerillo entre los muslos rubios/ temblorosos como la res que cae en el redil/ cuando las márgenes del río eran la más accesible de las habitaciones para sacarse el diablo del cuerpo/ luego... Pieza blanca como la vía láctea/ donde reposa la sonrisa de la inocencia erótica/ febril renovación del pandemonio. Espacio para andar desnudo/ para comer/ para volver al sexo/ espacio donde galopan los corceles/ mientras cientos de ariadnas tejen/ la erección monolítica/ de la primera columna de Trajano/ en cuya base encontrarás cenizas. Larga/ como las calles angostas del olvido/ es esta mesa sin la muchacha que ha dejado estrellas dispersas y brillantes/
y estará hasta que pasen cuatro golpes de péndulo/ que es decir mucho tiempo/ mucha vida. Sombra en que descanso satisfecho.

II

> *Y celebraban con risas*
> *el verse grandes en la sombra.*
> Rubén Darío

La luz al final del corredor,
sol apagado en las pupilas de una niña rubia,
demencia a la que abrimos las puertas,
ramas sucesivas que desnudas de pudores
muestran el interior de nuestra casa.
Rota la semilla de los peces
para que habiten los pájaros del alarido,
de raíz al cabo de romperse las carnes
entre las hojas de pecíolos alargados,
con la debilidad del agua que se asienta
anteayer maderos sobre los que se levantan templos.

Una pradera marina, un coliseo de algas
ajustados a la contracción de la pupila
que rememora la intensidad orgásmica
      voluptuosa de la danza.

Ha cesado de llover   en este invierno
recogeremos la niña que sembré en tu vientre
nueve meses atrás.
Aquella tarde sonreímos al vernos grandes
en la sombra.

III

Nadie preguntará qué arquitectura/ qué estilo encerraba
el cuerpo de mi amante. Mi casa sí era vieja/ igual que aquel
país dormido que amaneció hecho isla/ casa que no era mía...

IV

(Mt 16, 18)

Pero erigiré mi casa sobre esta piedra,
mi ciudad de hambres alumbradas
vestida de cal blanquísima como una virgen
sobre el agua.

Calado remanso que supone un puerto,
donde a veces al pie de un promontorio
el verde ríe y sacude una ciudad distinta,
      oculta.

De qué forma voy a reclamar una península,
algo que nos convierta en más que islas
llenas de luces como gusanos de edredón
y el titilar fluorescente de los autos.
Estamos presenciando el fin del siglo veintiuno,
desde el balcón de una ciudad mediterránea
y una dulce muchacha que me ama
vino a vivir conmigo su pedazo de muerte.

En la habitación en la casa enloquecida,
más allá de los parques, del tímido amante,
más allá del espacio para las ceremonias de la vida,
en el centro de su cuerpo,
ciudad donde nacen y terminan las ciudades.

JESÚS ENTRA EN CAFARNAÚM

(espacio para las ceremonias de la vida)

> *Yo soy los otros. Yo soy todos aquellos*
> *que ha rescatado tu obstinado vigor.*
> *Soy los que no conoces y los que salvas.*
> Jorge Luis Borges

Era un hombre hermoso/ tenía que ser un hombre hermoso/ para que las palabras cayesen como un puñado de monedas/ y solo mirásemos extasiados el gris de sus pupilas/ suaves y cansadas/ que recuerdan el cielo de Israel/ donde el fuego de la fragua sus cinceles oceánicos/ marejadas de la mano que sopló vida al barro/ se volvían en carne/ débiles y perfectas. Persistencia del que apuntala/ sobre vigas de acero/ su humilde proceder de hombre superior/ palabras atesoradas desde que era.../ remedio al hambre y la abundancia.../ el verbo.

Era no muy alto/ pero crecía como el árbol de Nínive/ como el árbol de floración perenne que regó Abraham con la sangre de un cabrito. Puro como su espíritu/ lo recubría esa aureola que aísla a los marcados para morirse jóvenes. Sangre para beber en torno a la mesa/ adoración al reino que ha de venir/ su palabra era el puño que golpea a la puerta y la puerta era débil para cerrarse a ti.

Pensar que era el hijo del carpintero/ que da sentido a la muerte innecesaria de los bosques/ y desprende de un árbol la casa que añoramos/ amplia como una selva/ donde las reses mansas den leche en el invierno. Casa de la otra orilla/ que no es digna de que entres con el calor de la mano que aprieta el corazón. Fui dócil a tu llamado y me enamoré de Dios/ antes de que una primavera cubierta de sol y trasnochada sonriera en mis brazos como una muchacha. Me enamoré de tus ojos de vidrio/ quise cargar tu cruz y te negué tres veces/ anduve errante como una luna confundida ante un sol muerto. Porque entraste en Cafarnaúm/ y sin mirar/ sin detenerte en mi corazón que no te amaba/ me sonreíste y me llamaste amado.

ÚLTIMO DESCENSO MÍSTICO
DE SAN JOSÉ LEZAMA

Como órgano, como respiración espesa,
en el sueño del ave transitoria
ponemos la fe de alguna herida,
se agita la hebra de agua en el ovillo
mientras un hombre contempla su retrato.

Sucesos de la resurrección del polen en la mandrágora
embridados sobre una cruz de carne.
Id y construid una iglesia católica
que el que esperó en las tardes el aroma
                          del trigo maduro
tiene una bofetada de paciencia en la mejilla.

Homosexual han dicho
         sin ver el rastro de invierno que se escapa
reposando en el oro purpurino de los bosques,
sin ver que hay fragmentos de otras temporadas,
trozos de ciudad, tormentas,
angustias de una casa que nunca dio su rostro,
tumefactas las piernas
y adoloridas del peso de un corazón
abierto a gritos por la noche.

Quién sabe si eran alas de libélula
              o el manto de una virgen,
denso pendular acompasado y rítmico
que denota la angustia en quien se esconde.

De qué manera colocar el óbolo
              para atravesar los laberintos,
si las balaustradas recuerdan
              los brazos en tercio del amante.

Dónde encerrar la bestia asustadiza,
apartarla del temor de las mareas,
para que te perdonen haber sembrado una tormenta.

San José Lezama, patrón de la censura y los escándalos.
En qué preconcebido rito brotará una espina,
mediodía en que se multiplicó una piedra
y se hizo fuerte el amor y se hizo fuerte,
petrificado en las vetustas catedrales
              el fruto de la vid,
la herida coagulada en el acto de la duda.
Sangre de la nueva alianza, derramada
en el octágono crepuscular de los altares,
chorreante sobre los capiteles
                    en los santos.

Mientras se transfigura el hambre,
mientras el cuerpo espera

una puesta de sol en el gatillo
que ajusta las arterias abiertas
      de un suicida.

Ya el tiempo de morir es cotidiano.
La ceremonia de reposar los brazos sobre el sexo
cubriendo el cuerpo de nostalgia.
Si el tren de mi amor se aleja lentamente,
bucólico divertimento que detuvo
como un disco afectado
      el momento del adiós.

Id y fundad una generación de pueblos,
el peregrino tiritar del fuego chamuscado,
la esperma que acrisola y abriga la asamblea,
casa donde aquilate el verbo una aureola finísima,
lacerante pico desgarbado
      de un ave que retorna.

Id y celebrad la despedida.
La última cena, la de hace veinte siglos;
sobre la piedra en que tiraba la red el pescador
una joven entona un canto bizantino
ceremonia de espera por un hombre que vuelve

donde todos los martirios son tonadas sordas
que van dejando un humo estacionario en la pupila
pócima volátil para los tiempos muertos.

PUDIERA SER PERO NO ES CIERTO

El que sale a la calle exterior de nuestro encierro/
sabe que de los goznes más herrumbrosos cuelgan puertas/
etéreas y accesibles/
que están recubiertas de mentiras.

Dulce varón que enciendes la lámpara y te vas,
las nubes desgarradas traen recuerdos frescos,
y tú tan pobre
      hierático,
volcado sobre los pechos del incendio.
Tu mujer tiene ganas de prenderse fuego,
te descubre un tímido arbusto
y es la puerta por donde respiras ese olor
que arremolina en bandadas a las bestias.

Pobre muchacho detenido en seco
      por el alucinado golpe del no puedo;
nunca se te insinuó la muerte a más que el polvo
se levantaba como piedra en tu camino,
pero recogías en tu camisa anudada en el abdomen
      un racimo de culpas

abiertas, sangrantes, descuartizadas
en el pusilánime acto de reposar
      bajo el tierno sopor de los laureles.

No fuiste. No, no fuiste,
ni por asomo las alas
        y el sibarítico ensueño
de los hímenes quebrados;
no tenías ganas de pastar,
y era el otoño una ciudad desdibujada,
desvanecida en la penumbra
        casi límpida.
Charca podrida en que estalla la granada
que llevas aprisionada entre las piernas.

No tenías ganas de pastar
con el insulso frenesí de las aves
que maduran a picotazos las espinas.

Y eran espinas,
        si no por qué aquella sangre
que brota habitualmente de la raíz del árbol,
que se eleva como un montículo,
una tumba a prueba de ángeles.

Donde en la cima de la gruta
        revientan volcanes
o se destapan tísicas colmenas.

        Levantaste la lámpara,
pero era tu rostro en el espejo una mancha difusa,
era mentira el acero refractario,
    era mentira el azogue   y el óxido era mentira.

ERA BASTIART TAMBIÉN SU LADO DÉBIL

De las mandrágoras que mastican seres de la noche
zarpó un barco hacia un puerto de dolor.
Pez que salta de la fuente viva atrapado en el Aleph.
Una noche Bastiart se alisó su cuerpo de joven,
eran sobradamente las hormigas
y una colina inmensa que cultiva
                /en el centro de su sombra.
Sabía que el mar podía ser el sitio
                /donde izar como velas las camisas.

Transitando entre juncos lechosos que recuerdan el sabor
                /del ser querido,
la jaula en que se parte y se prende el corazón del alfarero,
donde los peces mudos en sus vidrios
remedan la humedad esponjosa del abdomen.

Bastiart mostró su lado débil,
su carga transitoria, su inocencia,
la fragancia del sándalo incrustado en las uñas,
sarcófago en el que se disuelven
                /restos de otras muertes.

Como el éter que asciende y se disipa,
los senos de su madre
que reflejan el fuego de su espíritu.
Languideció,
quiso apagar los párpados,
abrir,
qué más le daba,
su vientre a otras especies.
Resucitar la fiebre en la que alzaba el hielo
y las hogueras eran frías,
y hubo alguna mano que le tendió su agua y su vinagre.

Pero el agua era un pez que se arremolinaba
/en el estómago,
un fuego de mariposas provocándole náuseas.

Solo, recostado a la luna de un espejo enorme,
asustado y feliz por el corredor alabastrado,
en la entalladura en que se vierten
sus restos de una noche y de toda la vida.

Solo ante el espejo,
mostrando con honor su lado débil,
astillándose en la madera perfecta de los vientos,

el signo que reposa en el fragor del llanto.
Enterrándose en su hembra,
abriendo la herradura y disfrutando
su historia de hombre ordinario.

Era Bastiart su lado débil.
Encontrar al final,
cuando la muerte le aligerase el cuerpo,
que su rostro era otro;
y despertar asustado y feliz junto a la criatura
a quien confió el producto de su sexo.

Y despertar su lado débil y su muerte.

*Aquí a la sombra del abanico de una higuera gigante
rodeado de hormigas y meditando sobre el hombre.*
Pete Sinfield

*Mi morada no es silenciosa ni yo hago ruido; el Señor ordenó
que fuéramos juntos; soy más veloz que mi morada, a veces más fuerte,
pero ella trabaja más; a veces suelo descansar, pero ella es incansable.
En ella habitaré mientras viva; si nos separan, mi destino es la muerte.*
Puerta 85. Libro de Exeter

PARA QUE CAIGA DE CANTO LA MONEDA

Mi hija es el país que tantas veces
nos hemos prometido humildemente,
la roca más audaz,
quizás el ancla o el ala que tejeré mientras espero;
pero mi hija es más que el motivo de partir
o que la piedra secular,
más que el llanto de una vagina fértil.
Ánfora que me sostiene,
en la que bebo y calmo y acaparo
el agua con que habré de inventarme alguna lluvia.
Una hija puede ser sobrada razón para quedarse;
es cierto que habrá en la raigambre de estas estaciones
intermitentes
una humedad de invierno,
sobre la mesa limpia el silencio pactará
su sonido cadencioso de agua derramada
y escaseará la leña que aprovisiona el fuego.
Del otro lado la llanura tiene peces y sombras
y el peso del azul sobre la tarde
provoca un resplandor que anonada.
Aparte de ser un obscuro habitante de las islas
llevo en mí la ebriedad con que el salvaje
adoraba la piedra,

se echaba en holocausto al mar
o la nostalgia iba apagando poco a poco
como a una estrella lejana.
A menudo la nostalgia asume la forma
de una ciudad blanca a orillas del mar,
como si en esta isla no existieran
cientos de olvidados caseríos
donde el azul es un milagro del que emigra.
Preferiría de todos modos una ciudad costera,
en la que la tarde desaparezca en los ojos de mi hija,
tarde agrietada que se prolonga
cubierta de un velo ensangrentado.
Si mi casa trascendiera del acto de cubrirme,
tendría acaso la precaución de no marcharme,
de mostrar sus vigas de bronce,
el jardín que se convierte en un bosque de hojas
por donde transita mi hija desnuda
hasta que el tiempo le coloque su parra.
No es un valle sumergido entre mogotes,
ni la prisa rebelde del invierno,
que hace de la puesta del sol una alfombra dorada,
la extrema unción de los cuerpos que parten;
ciudad que no se puede abandonar
porque es tu espalda, la víscera que duele,
el pozo artesanal donde beber la furia
que se desborda por los ojos.

Tres personas son casi una ciudad,
son más que un hombre solitario contemplando una multitud,

mientras se disipa y se convierte en brumas
la ciudad que nunca fue.
Basta decir que soy un ser obscuro,
temeroso como los demás;
que alzo a mi hija para enseñar un fuego blando,
que entibia las manos y el corazón
donde otro verde convide a descargar las culpas.
¿Cuándo volveré para tomar el sitio,
para limpiar la verja y los portales?
Y el sitio tendrá otros inquilinos
a los que nada les dirá un rincón aparente,
una marca imperceptible en la pared;
los recuerdos no se quedarán fijos en la sobrevida,
son el precio a que invita el desarraigo.
Partir es una sensación,
del que se arranca una ciudad del pecho,
la lanza a las aves y vuelve a nacer.

A los veintitrés años sentí que podía volver a nacer
        pero era torpe.
Mi condición de isla y de hombre
me pudo ser regateada en el salitre.

Era huérfano.
Sabía que en los linderos del hombre
hay un temor indescriptible a estar solo,
y una hija y una mujer hermosa
eran sobrada razón para quedarse.

LA INMENSA BREVEDAD DEL SER

Alguien debe preocuparse de la calma y la tormenta
que enhebran los días de esta ciudad desamparada.
Un archipiélago es más que un puñado de piedras
       lanzadas sobre el mar,
trasciende,
sin nada de los supuestos sueños que sacuden
a los habitantes de una tierra a la deriva,
los que saben que a lo sumo en un siglo
las serpientes polares se tragarán los puertos,
el muelle donde besaste a tus hijas,
la casa que fue volviéndose
un rincón imprescindible,
alrededor de la mesa de cedro, sobre la verja,
bajo el árbol deshecho en hongos
que de certeza no aguantó las lloviznas más crueles;
pero un archipiélago no es
una inmensa pradera,
no puede sumergirse dócilmente
al peso de una mano que se esconde.
Alguien debe ocuparse de la capa de ozono,
de la polución, del cáncer, de los hijos de Dawn.
Alguien debe picarse las venas
y escribir en la puerta de espinas
otra fórmula para volverse mártir.

Quién puede maldecir, lanzar un trozo de muerte
      a la escudilla,
vestir de hombre su cuerpo inmaculado,
ser del no ser, el bosque, una escalera.
Dónde la gloria tempestuosa de una herida
reparó en el prosopon, la máscara dramática
minutos antes de que el bosque de helechos
germinase de las paredes rotas.
Este invierno la lluvia es pertinaz,
los hombres se cuelgan su precio y sus virtudes,
mientras los peces beben con insobornable
tranquilidad de los manteles,
almidonados, estrictamente blancos,
donde no quedan restos de abundancia.
Para el hombre que vive, gasta y muere
nada valdrá una cruz astillada,
la otra mitad de una adolescente temblando de deseo,
la palabra retorcida,
el verbo que te vence;
para el hombre que aparte de morir un poco,
      cada noche,
no ha puesto el día anterior su piedra para la eternidad
sobre el relámpago,
sobre la adoración del fuego,
sobre el acto de parirse y evitar la mueca,
nada puede significar
esta ciudad pequeña con todos sus excesos y sus gritos,
o el hecho de vivir al filo de su sombra
sobre un puñado de peces que reposan.

LA CUERDA REBELDE QUE AGUIJONEA LA MUESCA

En la temporada que anuncia la veda,
descansan con angustia los pájaros heridos
despreocupadamente sobre el abrevadero,
se apacienta el temor, su lluvia de alfileres
sobre la nuca desnuda.

Flota el quinto mandamiento,
como una nata pulcra en el filo del sable
deshilacha el invierno con sus manos de ángel.
Son tantas incontinencias que provocan el gesto.
La saeta es la mano que se ovilla
en torno a un corazón que quiebra;
arpegio que procede del silencio en la cuerda,
el segundo en que se tensa y vibra,
el respiro contenido,
el ojo,
la pupila,
el rostro y sus protuberancias de marfil.

Como si alguien echara su suerte o su pequeña aldea,
un hueso maldito por sobre el hombro,
acecha la bestia y tiene un cuerpo bello

abierto a la temporada de las aves que emigran.

Ha quedado el polvo como una manta que perdona
        o que esconde,
capa traslúcida que se avejenta,
surca la piel de los pómulos y abomba los párpados
mientras ensucia el agua cristalina y los metales.

En la pureza hubo tiempos
en que depositó su almíbar el fuego en la ceniza,
hoguera donde deshumedece sus pies el caminante.

Mas el ánfora maldita ya no está,
se derramó el elíxir,
se levantó la veda.
Hay minúsculos vientos que aciclonan el pecho,
que dilatan la fiebre de los huecos del rostro.
Hay muertes pequeñas que no valen la pena
y dejan la resaca de la angustia
que nos envuelve en vidrios la espalda
y nos aturde.

Basta que me cierna como un pájaro y descienda,
bienaventurado sobre la escarcha que abriga al abedul;
dichoso de haber sido
el cazador,
la presa,
el silencio en que se encorva la madera
y la cuerda rebelde aguijonea la muesca,

y el ojo,
la saeta,
el corazón,
el ojo.

CANCIÓN PARA VACIAR EL ÁNFORA
Y COMENZAR EL VIAJE

Nada puede salvarte del pozo
en el que todos los hombres que sufren
lanzan con las mangas recogidas sobre el codo
sus cuerpos de mañana.

Quiero que te pongas el ajuar cristalino
y marches junto a los hombres de brazos rubios
que enseñan su abdomen   peñascos insepultos
donde se acaba el mar.

Lugar de resplandores donde parece que tejen una pradera
huyendo y persiguiendo sus agujas de plata los peces de nácar.

Pudo saberte insípido el polvo
que se depositó en los párpados.
Pudo la ventisca sobre el trigo ondulante
provocar la marea soberbia en que naufragas.
Hay caminos donde no hay árboles ni sombra
ni estancia para el cambio de carruaje.
Pero tú puedes llegar más lejos
que el olor de las uvas maceradas

sobre los muslos desnudos
                        de jóvenes y bellas campesinas.

Puedes soñar que la prisión humana se disipa en el reflejo
que los balaustres se deshacen y son polvo de los siglos.

Puedes hacer un acto de confesión
para que la huella se vuelva piedra sobre el mar.
También alzar el vuelo puedes
junto a una pequeña congregación de ángeles.
Mañana volverás a sentir el viento
con su batir de trenzas sobre el rostro
y será pequeño tu espacio;
jurarás no volver al jardín bucólico,
junto a las estatuas voluptuosas de fláccidas carnes.
Volverás a comer tu pedazo de infortunio
y comprenderás que hay caminos que no tienen regreso.

EN LA DESPENSA

Ya pasó la juventud y fui enrolado en el ejército;
pero no pasó el tiempo de la angustia
ni la vigilia
ni el anatema como un golpe de culata
en los riñones.
Era débil entonces para echar la piedra
cuesta arriba
desgarrando la carne y abriendo los caminos.

Tomé mi puñado de ceniza,
la que habría de untarme sobre las lágrimas
y las pestañas, sobre el pelo rucio,
sobre las ropas rasgadas para pedir clemencia
y sufrí por primera vez el desengaño.

No pude hacer el amor aquella tarde.
La carne que persigue el soldado con la avidez de un preso,
tenía un sabor ácido y el olor de
la piltrafa hervida
que devoraban los perros cada madrugada.
Estaba ebrio, el fuego del alcohol de los cañones,
me quemaba las vísceras.
Era el sexo de un payaso grotesco cabalgando una búfala.

Su carmín, su aliento extraño de una noche,
se mezclaban con el sudor de mis axilas.
Me sentí ya un hombre, calmando las heridas del amor
con la lujuria.
Al cerrar los ojos vino a mí todo el azoro,
la muerte del niño que escribe poemas en el aire.

En qué animal extraño la vejez
me ha convertido.

En la foto desdibujada me veo joven
fumando un cigarrillo,
el kepis ladeado, el sambrán al cuello.
Ese cinturón de hebilla militar
que alguna vez estalló
sobre la espalda de un soldado.
En esta despensa, con meticulosidad
de almacenero,
escondo las fotos del pasado,
las historias que prefiero olvidar,
y la memoria,
sobre todo la memoria de un tiempo
que nunca fue mejor.

VENTANA HACIA ADENTRO

Una muchacha se desangra en un baño público
de New England.
Tiene los ojos de gacela,
en el pecho tiemblan los potros sueltos de pavor
bajo los árboles de otoño
sobre el mar plomizo de Manhattan.
Toda su herencia es una madre loca
y un padre borracho,
una infancia en un suburbio huérfana.

Una ventana puede estar tapiada
o ser solo la definición de que hay un límite,
el espacio para intentar el salto
o una proposición para otra posible libertad.

CASA OBSCURA, ALDEA SUMERGIDA

Una noche de estas, cuando no puedas ya verte las manos,
agotado el obscuro carbón que te ilumina,
lo único tibio que nos quedará será tu aliento.
Intentaré acercar mis labios curados por las mismas agujas
con que hago arder paciente el cielo de nuestra soledad.
A falta de la pupila sedienta que viaja hacia adentro,
para recordar tu cuerpo de agua derramada,
el perfil que la miel de la ceguera distorsiona,
para respirar, al menos, el olor de una cabellera oxidada,
no nos quedará más remedio
que volvernos a acariciar como antes.

Ya vimos demasiado, nunca veremos suficiente.
Teníamos un dios que dijo hágase la obscuridad,
tanta luz hiere los ojos.
Y la mirada regresó a su hueco esplendoroso,
de donde nunca debió salir.

Un día de estos, seremos los ahogados que el mar devuelve,
los navegantes rígidos que reposan inquietos,
descubriremos que las aldeas sumergidas,
nuestro mundo acuático es un reloj de agua suspendido.
Y lloraremos con la risa del que lo entiende todo.

Nos tocó el diluvio, pero con precisión se acerca la sequía.

Somos aún ingenuos que no sabemos qué es mejor.

Un día también olvidaremos

y la luz, toda la luz guardada con esmero,

reventará en su lumbre.

Una casa nunca fue más que una hoguera.

Pero nos empeñamos en levantar paredes, en poner un techo.

PASSAR PÁXAROS
CASA OBSCURA, ALDEA SUMERGIDA
de Joaquín Badajoz fue publicado en la colección Pulso Herido
de la Academia Norteamericana de la Lengua Española (ANLE)
en Nueva York, Estados Unidos, en el mes de mayo de 2014.

Made in the USA
Lexington, KY
12 March 2015